# 大江大河
## 全景手绘百科

文/王宸　　图/奥知手绘组

黄河

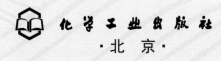

化学工业出版社

·北京·

**图书在版编目（CIP）数据**

大江大河全景手绘百科 . 黄河 / 王宸文；叟知手绘
组图 . —北京：化学工业出版社，2022.3
ISBN 978-7-122-40545-6

Ⅰ . ①大… Ⅱ . ①王… ②叟… Ⅲ . ①黄河—儿童读
物 Ⅳ . ① K928.42-49

中国版本图书馆 CIP 数据核字（2022）第 000189 号

审图号：GS 京（2023）0045 号

叟知手绘组：成立于 2015 年，团队成员来自游戏设计、壁画、影视、
艺术品设计、舞台、雕塑、油画等各个行业，坚持精细化创作，致力于
通过手绘方式为读者带来更好的阅读体验。

出 品 人：李岩松
责任编辑：笪许燕
营销编辑：龚　娟　郑　芳
责任校对：王　静
装帧设计：王　婧

出版发行：化学工业出版社
　　　　　（北京市东城区青年湖南街 13 号　邮政编码 100011）
印　　装：北京卡梅尔彩印厂
787mm×1092mm　1/8　印张 10　字数 80 千字
2023 年 4 月北京第 1 版第 1 次印刷

购书咨询：010-64518888
售后服务：010-64518899
网　　址：http://www.cip.com.cn
凡购买本书，如有缺损质量问题，本社销售中心负责调换。

定　　价：118.00 元　　　　　　　　　　　版权所有　违者必究

# 引 言

黄河干流全长约5464千米，流域面积约75.2万平方千米，是中国第二大河。

它发源于青海省巴颜喀拉山脉，在大地上画下一个大大的"几"字，流经青海、四川、甘肃、宁夏、内蒙古、陕西、山西、河南、山东9个省区，最后注入渤海。

从源头到内蒙古托克托县河口镇为黄河上游，水量大，植被覆盖率高。黄河首先穿过青藏高原，落差大、流速快，蕴藏着丰富的水力资源。流出青铜峡以后，进入宁夏平原和河套平原，那里地势平坦开阔，是重要的农耕区，被誉为塞上江南。

从河口镇到河南郑州荥（xíng）阳市桃花峪为中游。在晋陕大峡谷河段，它冲破群山阻拦，水流湍急，一往无前。经过险要的龙门以后，汾河、渭河等多条支流汇入，从黄土高原带来大量泥沙，让它变成了世界上含沙量最大的河流，号称"一碗水、半碗泥"。

从桃花峪到入海口为下游，地势平坦，水流平缓，泥沙长期淤积，河床越抬越高，形成了著名的"地上悬河"。在历史上，黄河难以约束，洪涝灾害频发，后来由于水量减少，又出现了干涸断流的情况。

黄河是华夏文明和农耕文化的重要发祥地，称得上中国的"母亲河"。然而，它同时拥有慈爱和狰狞两张面容，屡屡改道、决口，给沿途人民带来了深重的苦难。所以，怎样治理黄河、更好地同它共生，是永远摆在我们面前的"考卷"。

2

知道这绿草茵茵、流水潺潺、风景如画的地方是哪里吗？它就是黄河的源头。

黄河的发源地称河源区，指的是青海省玛多县多石峡上游区域，位于青藏高原，海拔超过4200米，四面高山环抱，南边是巴颜喀拉山，西边是雅拉达泽山，东边是巍峨的阿尼玛卿山（又叫积石山，是黄河源头最大的山），北边是布尔汗布达山。

黄河向东流出阿尼玛卿山，奔向四川的草原，几经蜿蜒，又遇岷山，不得不来个180度的大拐弯，重回青海。

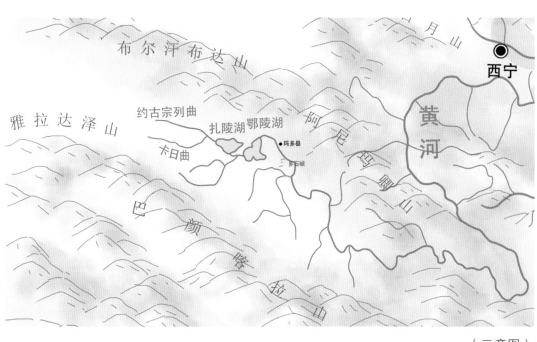

（示意图）

## 黄河的源头

很久以前，人们认为出产美玉的昆仑山是黄河的源头。在神话中，昆仑山被誉为"万山之祖"，相当神秘、崇高，是仙人的居所，也是皇权的象征。李白的诗句"君不见黄河之水天上来，奔流到海不复回"就和这个传说有关，不完全是虚写。

到了唐朝，人们认为黄河的源头是星宿海。那里是一处狭长的盆地，黄河流速放缓，形成了数以百计的湖泊和沼泽。登高远望，它们在阳光下熠熠生辉，像极了夜空中闪烁的星宿。

清乾隆年间，地理学家齐召南在《水道提纲》中指出，星宿海以上还有三条河，分别是扎曲、约古宗列曲和卡日曲。当时人们普遍认为，黄河的正源是约古宗列曲下游的玛曲。在藏语里，"曲"是"河"的意思，玛曲就是"孔雀河"。

那么，黄河的源头到底在哪里呢？

国际上确定河流正源有三个标准：最长、流量最大、与主流方向一致。同时还要考虑流域面积、河流发育期（通过地质构造和河谷形态可以推断出来）、历史习惯。

2008年，三江源头科学考察队得出结论，黄河正源应当是卡日曲。它比约古宗列曲长36.54千米，流量也要多两倍。

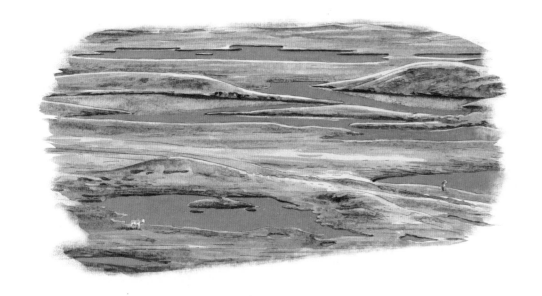

扎陵湖和鄂陵湖是黄河源头两个最大的高原淡水湖。扎陵湖在西，形似贝壳，注入的河水带来了不少泥沙，所以水色偏白；鄂陵湖在东，状似葫芦，更加清澈，水面是让人心醉的蓝绿色。每年春天，数以万计的斑头雁、赤麻鸭、鱼鸥等候鸟前来饱餐湖里的鱼，羽翼展开，遮天蔽日。

这对姐妹湖的面积加起来有1154平方千米，大概是太湖的一半，蓄水量却是太湖的近三倍。

鄂陵湖

黄河

卡日曲，藏语意思是"红铜色的河"，因为它流经红色地层，携带了大量红色泥沙。

## 松赞干布迎亲

唐朝贞观年间，文成公主入藏和亲，吐蕃赞普（君主）松赞干布从都城逻些（今拉萨）出发，到河源处的柏海（现在的扎陵湖、鄂陵湖一带）迎接，举行了盛大的典礼。

## 九曲十八弯

汉唐时期，人们把青海省贵德以上的黄河河段称作"析支河""赐支河"或"河曲"。常言道，"天下黄河九曲十八弯"，指的主要就是这一段。

其实，弯是黄河最大的特点之一，在黄河中上游，很多河段都是九曲十八弯的。

从全局来看，黄河的实际长度是5464千米，而源头到入海口的直线距离是2093千米，实际长度是直线长度的2.61倍，也就是说，它的弯曲系数高达2.61，因此，黄河是世界上最曲里拐弯的大河。

黄河再次流出青海，来到甘肃，这次它没有回头。

在甘肃境内，黄河主要流经甘南藏族自治州、临夏回族自治州、兰州市、白银市，长913千米。较大的支流有湟（huáng）水、庄浪河、大夏河、洮（táo）河、祖厉河等。

甘肃是黄河流域重要的水源涵养区和补给区，承担着上游生态修复、水土保持、污染防治的艰巨任务。例如，甘南的面积不过是黄河流域的4%，每年却向黄河补水65.9亿立方米，占到黄河总径流量的11.4%。

兰州是黄河流经的第一个省会城市，也是黄河上的重要节点，上游是产水区，下游是用水区。从这里开始，黄河水量逐渐减少。

（示意图）

先秦时期，"河"这个字专指黄河，"江"这个字专指长江，其他河流都只能叫"水"。由此可见，黄河、长江的地位多么非同凡响。

"黄河"的称呼，东汉才出现。可以推测，水土流失在那时候已经开始了。

黄河是中华文明的摇篮之一，而甘肃是黄河文明的关键发源地。考古学家在甘肃发现了很多新石器时代的文化遗址，例如大地湾遗址、马家窑遗址、齐家文化遗址等，都分布于黄河的支流。

在出土的文物中，最有代表性的就是器型丰富、图案生动的彩陶了。

## 彩陶文化

陶器和中华先民的定居生活密切相关。它容易破碎、不适合来回搬动，然而方便盛水、蒸煮食物，大大改善了人们的生活条件。

在甘肃天水市秦安县的大地湾遗址，发现了我国最早的彩陶，距今约8000年。

马家窑的彩陶更加出色，达到了彩陶艺术的巅峰。它是1923—1924年由瑞典考古学家安特生发现的，分布在洮河、大夏河、湟水流域，包括石岭下、马家窑、半山、马厂等类型，出现于公元前3300年左右。

三足钵

人们发现，彩陶上的纹样，和黄河息息相关。

比如漩涡纹和水波纹，表现的是黄河大浪翻卷、滚滚向前的壮丽场景。鱼纹、蛙纹、鲵鱼（俗称娃娃鱼）纹，描绘的也都是水生动物。

漩涡纹尖底瓶

水波纹钵

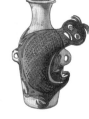
鲵鱼纹双耳瓶

蛙纹盆

鱼纹盆

## 彩陶是怎样制作的？

### 1. 加工泥土

选择合适的红黏土→晾干，捣开结块→过筛，除掉小石子、野草之类的杂物→淘洗和沉淀→堆放在阴凉处发酵→像和面一样揉捏泥团。

### 2. 制作陶坯

甘肃彩陶运用的主要是捏塑、敷泥贴片、泥条盘筑几种方法。

敷泥贴片，指的是先制作模具，再把泥料贴在上面。

泥条盘筑，指的是将泥料搓成长条，然后一圈一圈围出想要的器物形状。

揉捏泥团

泥料搓条

将泥条盘成器物形状

## 3. 装饰器物

马家窑时期出现了慢轮修整技术，就是将器物放在转盘上慢慢转动、调整，让器物形状更加平整、规则。彩绘是重要的环节，使用天然矿物颜料，以黑色为主，也有红色和白色，衬着橘黄的底色，格外绚烂。

慢轮修整

彩绘

## 4. 入窑烧制

彩绘有的是在入窑烧制之前进行，有的是在之后进行。

入窑烧制

离开甘肃后，黄河一路向北，从中卫市南长滩流入宁夏，经过吴忠、银川，由石嘴山市麻黄沟流出，长397千米。较大的支流有清水河、红柳沟、苦水河、都思兔河。

常言道，"天下黄河富宁夏"。宁夏近90%的水资源来自黄河，黄河两岸集中了66%的人口、80%的城镇，创造了近90%的地区生产总值，是社会经济发展的核心。

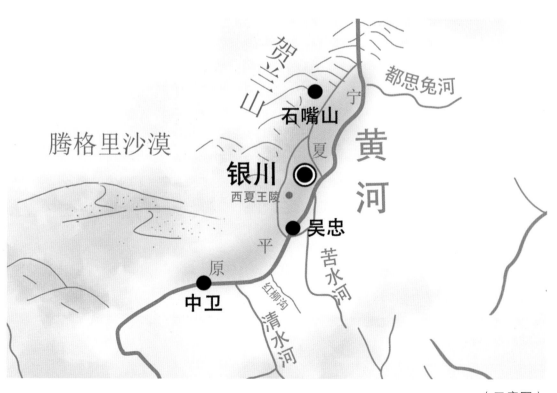

腾格里沙漠

贺兰山

石嘴山

银川
西夏王陵

吴忠

中卫

黄河

都思兔河

宁夏平原

苦水河

红柳沟

清水河

（示意图）

11

## 什么是凌汛？

黄河在宁夏、内蒙古和下游河段，都是由南流向北。这一带不管南北，冬天都会结冰，当南边还没结冰的时候，北边就已经结冰了，当南边的冰融化的时候，北边的冰还没融化，这时，河水就容易被巨大冰块堆积成的冰坝阻挡，这个现象叫凌汛。

凌汛会引起水灾，严重的时候会导致黄河决堤。

凌汛的防治主要有两种方法：

长期而言，加高加固黄河堤防，整治狭窄、弯曲的河道，建设分水工程。

短期而言，在开河期加强观测和预报，如果确实需要，可以采用炸药、炮击、撒土等方式强行破冰。

中卫市沙坡头位于腾格里沙漠南缘，是一片称得上奇迹的绿洲。包兰铁路紧贴着黄河，从这里穿过。

想当初，为了防止流沙埋掉铁轨，工作人员历经千辛万苦，终于找到了效果出色的固沙方法：扎麦草方格。这个方法后来被推广到世界上许多风沙危害严重的地区。

在麦草方格上生长的植物，都经过了千挑万选：花棒、柠条、沙拐枣……工作人员不下9次冒险深入腾格里沙漠考察，带回了这些野生植物，还解决了怎样培育它们的难题。

## 西夏王朝

西夏（1038—1227年）是由党项人建立的王朝，都城兴庆，就是现在的银川。西夏前期同北宋、辽三足鼎立，后期同南宋、金并存。

鼎盛时期，它的疆域"东尽黄河，西界玉门，南接萧关（宁夏固原市东南），北控大漠，地方万余里"，包括现在的宁夏、甘肃大部，内蒙古西部、陕西北部、青海东部、新疆东部，还有蒙古人民共和国南部。

## 西夏王陵

西夏王陵位于银川西郊的贺兰山脚，陵区面积53平方千米，有序地排列着9座陵墓、250多座陪葬墓，有"东方金字塔"之称。

它立足于党项民族文化，吸收了中原王朝（特别是唐宋时期）陵园的长处，还明显受到佛塔之类宗教建筑的影响。

遗憾的是，蒙古大军灭西夏后，陵园被摧毁，成了一片废墟。西风残照，幸存的遗迹默默矗立，等待考古工作者去解开一个又一个谜团。

黄河流过富饶的宁夏平原，便来到"几"字形大拐弯的最北边——河套平原。

河套平原通常指贺兰山以东、狼山和大青山以南的地区。黄河流过，形成一个大弯曲，河套平原三面环绕，将它"套"了进去。

现在河套平原分别属于宁夏、内蒙古、陕西三个省区。以内蒙古乌拉特前旗的乌拉山为界，东边是前套平原，西边是后套平原。另一种说法是，黄河以南、长城以北称前套，黄河以北称后套。

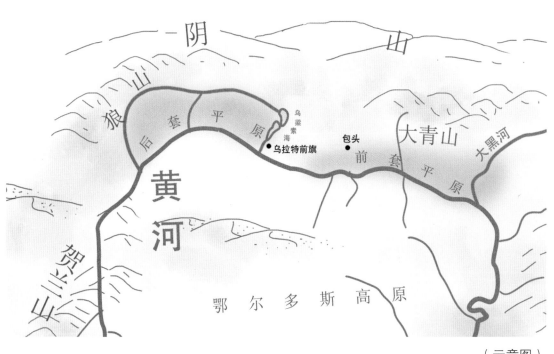

（示意图）

15

## 塞外江南

河套以水草丰美著称，所以有"黄河百害，唯富一套"的说法。这里虽然降水量不大，然而土壤肥沃，可以放牧，也有条件开展大范围农耕，号称"塞外米粮川"。

大黑河是黄河在内蒙古的主要支流，水色混浊暗沉，将大青山上的腐殖层养分冲刷下来，给河套送上了一份"厚礼"。

"敕勒川，阴山下。天似穹庐，笼盖四野。天苍苍，野茫茫，风吹草低见牛羊。"这首耳熟能详的北朝民歌，描绘的就是前套平原的风光。

## 兵家必争之地

明末清初学者顾祖禹在《读史方舆纪要》中写道："河套南望关中，控天下之头项，得河套者行天下，失河套者失天下。河套安，天下安；河套乱，天下乱。"这片地区有多么重要，由此可见一斑。纵观中国历史，河套始终是兵家必争之地。

战国时期，赵武灵王实行改革，倡导"胡服骑射"，打了不少胜仗，在属于前套的土默川平原东部设立了云中郡。当时练兵的原阳城，就在今天的呼和浩特附近。

秦统一六国以后，派名将蒙恬率领三十万大军北击匈奴，拿下"河南地"（位于河套地区），设立了九原郡，又迁徙三万户百姓到那里戍边。

修筑长城、直道，这两项宏伟的国防工程都同河套密切相关。

秦长城是将过去秦、赵、燕三国修筑的长城连接起来，自甘肃临洮到辽东，绵延万里。朝廷相当重视河套防线，在出入阴山的几条道路上都设立了关卡。

秦直道南起首都咸阳附近，北到九原郡，长达800多千米，宽阔平整，堪称"高速公路"。

一旦匈奴南下，驻守长城的军队就可以通过在烽火台上点火等方式报警。朝廷也可以借助直道，火速调兵增援。

西汉时期，武帝派卫青出兵，击败匈奴，重新占领了河套。不久以后，汉军在这里屯田养马，把河套当成对付匈奴的基地。

在汉朝，国家投入大笔资金在河套筑城、兴修水利，来自内地的移民和归附的匈奴人都在这里定居。河套变成了民族融合的关键地区，经济也慢慢繁荣起来。

在地图上，将同一时间内降水量相同的各点连接起来的线，称为等降水量线。

年降水400毫米的等降水量线是一条神奇的分界线，它既是半湿润和半干旱气候的分界线，也是种植业和畜牧业、农耕文明和游牧文明的分界线。中原王朝守卫的"边塞"防线也大致同这条线重合，历代的长城都修建在附近。

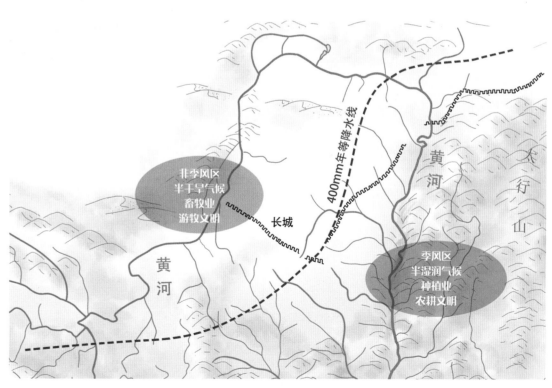

（示意图）

## 边塞诗

闭上眼睛，回忆一下学过的边塞诗。跟黄河相关的有几首？

### 凉州词
【唐】王之涣

黄河远上白云间，一片孤城万仞山。

羌笛何须怨杨柳，春风不度玉门关。

"凉州"指现在的甘肃武威一带，在唐朝是西北军政、经济中心，可以同富庶的扬州、益州（现在的四川成都）相提并论。诗词当中，"凉州"经常泛指边塞。

### 征人怨
【唐】柳中庸

岁岁金河复玉关，朝朝马策与刀环。

三春白雪归青冢，万里黄河绕黑山。

"青冢"位于内蒙古呼和浩特南郊，相传是"四大美人"之一王昭君的坟墓。西汉元帝时期，她出塞和亲，嫁给了南匈奴呼韩邪单于。每到深秋，四周的草都枯黄了，只有这里照样"草青如茵"。

## 边词

【唐】张敬忠

五原春色旧来迟，二月垂杨未挂丝。

即今河畔冰开日，正是长安花落时。

"五原"现在属于内蒙古巴彦淖（nào）尔市。在蒙古语中，巴彦淖尔的意思是"富饶的湖泊"，因境内有著名的淡水湖乌梁素海以及众多的湖泊而得名。

## 陇西行四首·其二

【唐】陈陶

誓扫匈奴不顾身，五千貂锦丧胡尘。

可怜无定河边骨，犹是春闺梦里人。

苍凉悲壮又变幻莫测的无定河又叫朔水、奢延水、黄糊涂河，水流湍急，深浅不定。它的源头在陕西白于山北麓，由南向北流入内蒙古毛乌素沙地，然后向东，横穿陕北沙漠区和黄土丘陵沟壑区，最后折向东南，汇入黄河干流，是含沙量最大的支流之一。

## 使至塞上

【唐】王维

单车欲问边，属国过居延。征蓬出汉塞，归雁入胡天。

大漠孤烟直，长河落日圆。萧关逢候骑，都护在燕然。

"居延"位于现在的内蒙古额济纳旗东南，是西北军事重镇。额济纳河是中国第二大内陆河，上游古称"弱水"。

"燕然"是指现在蒙古人民共和国境内的杭爱山。东汉大将窦宪追击北匈奴，出塞三千余里，至燕然山刻石记功。后世以"燕然勒功"指代建立赫赫军功，也是无数古代将领的人生理想。

### 千百年来，中原王朝和游牧民族为什么总在这条线上拉锯？

草原生态相当脆弱，能够提供的食物也相当有限、不稳定。所以，古代游牧民族的生存环境相当恶劣，一旦遇到"白灾"（积雪掩埋牧场，牛羊找不到草吃）、"黑灾"（冬天积雪过少，饮水问题难以解决、疫病流行，牲畜大批死亡）等气象灾害，就要在死亡线上苦苦挣扎。

游牧民族一向逐水草而居、擅长骑射，在面对农耕人群时，拥有不小的军事优势。所以对他们来说，在中原王朝禁止通商或缺少生活必需品时，要想获得农耕区的丰富物产，最可行的方法就是南下抢掠。

鄂尔多斯，在蒙古语中是"许多宫殿"的意思。它和黄土高原以明长城为界，境内有两大沙漠：北部的库布齐和南部的毛乌素。

它是高原，还是盆地？

一般来说，海拔超过500米的地区，就可以称作高原了，而鄂尔多斯海拔为1000～1300米，自然是高原。

在地质学上，它又和黄土高原一道，属于陕甘宁盆地，被群山环绕。而且，这里蕴藏着丰富的煤、石油、天然气等矿产资源——它们通常都是几千万年甚至几亿年前在低洼的海洋或湖泊环境中形成的。

所以，鄂尔多斯先是沉积盆地，后来在地壳运动中被抬升了，就变成了高原。

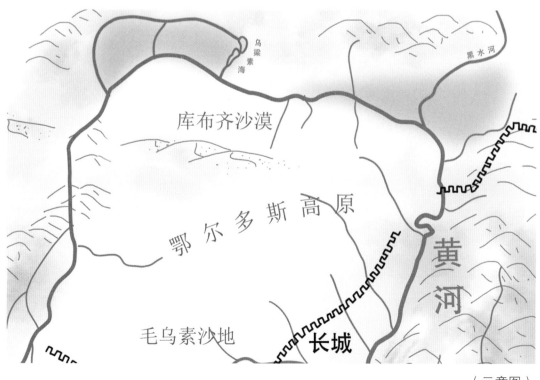

（示意图）

23

## 什么是牛轭湖？

牛轭（è）湖又叫"弓形湖"，因为形状像套在牛脖子上的轭而得名。

在比较平坦的地带，由于地球自转等因素，河流很难保持一条直线，会产生弯曲。随着流水的冲刷、侵蚀，河道越来越弯，上下河段也越来越接近。发洪水时，河道截弯取直，弯曲的那一段河道由于泥沙淤塞、水位下降，慢慢地就同主河道分离，变成了牛轭湖。

后套平原上的乌梁素海就是著名的牛轭湖，它的形成和黄河改道关系密切。

河流弯曲　　河道弯曲　　河道截弯取直　　旧河道分离，
　　　　　　程度加大　　　　　　　　　　　形成牛轭湖

## 你方唱罢我登场

两千多年里，对中原王朝来说，鄂尔多斯高原是北部边疆的战略要地；对游牧民族来说，它又是南下的关键跳板。一场场惨烈的争夺战，正是在这里打响的。

一个个游牧民族，"走马灯"似的轮番登场：商周时期有鬼方、猃狁（xiǎn yǔn）；春秋战国时期统称戎狄（róng dí）；再往后有匈奴、鲜卑（xiān bēi）、柔然、突厥、回纥（hé，后改为回鹘）、契丹、蒙古……

## 成吉思汗陵

成吉思汗陵位于鄂尔多斯伊金霍洛旗草原上，是蒙古帝国第一代大汗的衣冠冢。

据史书记载，蒙古贵族实行"密葬"制度，棺木埋好后，要赶来一大群马将地面踏平，待第二年长出青草时，守护陵墓的将士才收起帐篷离开。此时墓地和四周就没什么两样了，所以至今没人知道元朝的皇陵究竟在哪里。

成吉思汗陵是蒙古人供奉、祭祀成吉思汗的地方，最初是八座白色的帐篷，叫"八白室"。很长时间里，它一直四处迁移，到16世纪才停留在河套南部，并建成蒙古包式的宫殿。鄂尔多斯的名字，也由此而来。

## 蒙古帝国和元朝是什么关系？

　　除了元朝，蒙古帝国还包括金帐、察合台、窝阔台、伊儿四大汗国，都是成吉思汗的子孙建立的。

　　起初，四大汗国臣属于蒙古大汗，不过第四代大汗蒙哥去世后，他的两个弟弟忽必烈和阿里不哥争夺汗位，蒙古王公内部出现了分裂，四大汗国就脱离了大汗的掌控，发展成独立的国家，不过还承认元朝的宗主国地位。

内蒙古河口镇是黄河上游和中游的分界处，在这里，黄河结束了河套地区的旅程，急转南下，向晋陕大峡谷进发。

晋陕大峡谷又叫秦晋大峡谷，是黄河干流上最长的连续峡谷，也是水势最凶猛的一段，自河口镇到山西禹门口，足足725千米，沿线共有27个县市，面积11.16万平方千米。

禹门口又叫"龙门"，传说是大禹治水工程的起点，地势险峻、浊流湍急，鲤鱼正是在这里"跃龙门"的。李白这样描绘它："黄河西来绝昆仑，咆哮万里触龙门。"

（示意图）

广东丹霞山

## 壶口瀑布

壶口瀑布位于晋陕大峡谷南段，西边是陕西宜川县，东边是山西吉县，是中国第二大瀑布，仅次于贵州的黄果树瀑布。

根据清乾隆年间《宜川县志》的说法，壶口叫这个名字的原因是"上流宽广，至此收束归槽，如壶之口然"。

壶口以上，黄河有三四百米宽，然而到了壶口，河面急剧收窄，宽度只有30米左右。浩浩黄水从20多米高的陡崖上倾泻下去，汹涌澎湃，气势非凡，就像明朝人惠世扬的诗句所述："源出昆仑衍大流，玉关九转一壶收。"

壶口有"水底冒烟"和"旱地行船"的奇观：

飞溅的水珠腾空而起，雾气弥漫，哪怕十几里地以外都能看见，就像滚滚浓烟；

这里落差太大，为了保证安全，经过的船必须提前上岸，靠人力拖到下游水势比较平缓的地方。

## 丹霞地貌

丹霞地貌，是指内陆盆地沉积的红色砂砾岩在流水侵蚀、风化剥离、重力崩塌的长期共同作用下，形成的各种鬼斧神工的景观：峭拔的丹崖、顶平身陡的方山、怪异的石柱、幽深的岩洞……

它之所以叫这个名字，是因为广东韶关市仁化县的丹霞山，就有非常典型的丹霞地貌。

2010年8月1日，由广东丹霞山、贵州赤水、湖南崀（làng）山、福建泰宁、江西龙虎山、浙江江郎山共同组成的"中国丹霞"地貌被列入世界自然遗产。

晋陕大峡谷里也隐藏着色彩绚丽的丹霞地貌，例如陕西府谷县的莲花辿（chān），山石红白相间，被当地人幽默地形容成"五花肉"。

张掖丹霞地貌

陕西府谷县莲花辿

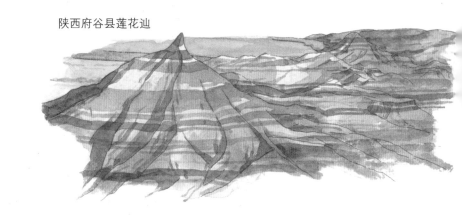

## 《黄河大合唱》

　　《黄河大合唱》是诗人光未然和作曲家冼星海共同创作的一首经典歌曲，它的创作灵感来自壶口瀑布。

　　1939年初，诗人光未然前往吕梁山抗日根据地时，在壶口附近东渡黄河。黄河奔腾咆哮、船夫喊着号子搏击风浪的场景深深震撼了他，抵达延安后，他便创作了组诗《黄河吟》。冼星海听他朗诵完这首诗，立刻萌生了谱曲的想法，他花了短短6天时间，就带病完成了谱曲，于是便有了《黄河大合唱》。

　　在万众一心抗日救国的时代大背景下，"黄河"成了中华民族不屈不挠、顽强斗争精神的象征。

黄土高原东起太行山、北至长城、南到秦岭、西抵乌鞘（shāo）岭和日月山，横跨青海、甘肃、宁夏、内蒙古、陕西、山西、河南，是世界上最大的黄土堆积区。

在晋陕大峡谷中奔流的黄河，将黄土高原一切两半，东岸是山西，西岸是陕西。这里恰恰也是黄河支流最密集的区段，纵横交错的水道像锋利的刀刃一样切割着黄土高原，河水经年累月冲刷和侵蚀着两岸的黄土和沙砾，每年有十几亿吨泥沙倾泻而下，把黄河染成了触目惊心的土黄色。

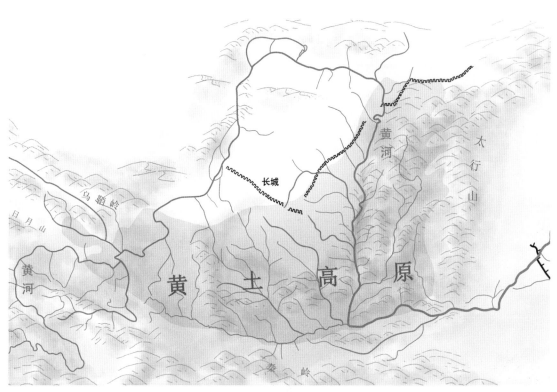

（示意图）

## 黄土高原的独特地貌有哪些?

黄土高原很神奇,站在稍高一点的地方,似乎就能把它一眼看穿!但它又不是一马平川,定睛一瞧,就能看清它沟壑纵横、遍体鳞伤的沧桑面貌。

如果把土质松软的黄土高原比作一块豆腐,水流和其他破坏力则像一把刀,把豆腐切成了一块块、一条条。

上面平、四面陡的小块叫黄土塬(yuán)。

平行的长条叫黄土梁(liáng),顶部平坦的叫平梁,顶部倾斜的叫峁(mǎo)梁。

塬和梁被进一步切割,形成顶部像馒头一样浑圆、四周陡峭的黄土丘,叫黄土峁。

黄土塬、黄土梁和黄土峁构成了黄土高原最主要的地貌。

## 黄土里藏着古气候变迁的秘密

厚厚的黄土层并不是一个整体,而是在亿万年间的不同气候条件下,由于风力、水流等因素分别形成的,一层叠一层,仿佛色彩斑斓的"无字天书",等待我们去翻看。

如果这一层黄土颗粒比较大,就说明当时刮的风比较强,强风才能带动它们。

如果那一层黄土颜色偏红,就说明里面的铁被氧化成了赤铁矿,而这只在潮热的气候条件下才有可能。

窑洞是黄土高原上的传统民居,大多依山挖掘,别看它貌不惊人,但里面冬暖夏凉,住起来舒服着呢!窑洞坚固耐用,造价便宜,还不占用良田,是真正的绿色环保建筑。

而且,通过黄土中古植物的孢(bāo)子、花粉,可以看出当时欣欣向荣的是哪些花草树木。因为它们喜欢的温度和湿度都不一样,所以就能顺藤摸瓜"破案"了。

黄土层次分明的剖面

## 黄土高原的水土流失为什么这样严重?

有自然因素:

这个地区的降雨集中在夏秋两季,而且经常下暴雨,强度相当大。而黄土的主要成分是或粗或细的粉砂,土质疏松,有明显的孔隙,土块被水一泡就崩解了。

另外,这里地壳一直在抬升,地震频繁,给流水侵蚀土层创造了条件。

更主要的是人为因素:

黄土高原一直是中华文明热闹而繁荣的舞台,但随着人口的增多,粮食需求增加,于是先民毁林开荒,在陡坡上耕种,水土流失严重,肥沃的土壤被带走,土地生产力下降,"越垦越穷,越穷越垦",形成恶性循环。

很多朝代在关中定都,修建宫殿和其他建筑都需要大量木材,百姓的日常生活也需要木材,例如取暖、烧造砖瓦等,所以,在很久以前,大树差不多都被砍光了。

过度放牧,也破坏了草场。

## 怎样治理黄土高原?

关键是水土保持!

首先是修梯田、打坝淤地、引洪灌地,让土壤不能再跟着雨水往下流。

然后是退耕还林还草,超过30度的陡坡不再耕种,让植被一点点重新长起来。

20世纪80年代初,朱显谟(mó)院士提出了黄土高原国土整治的"28字方略",大意是:把粮食种在平坦的川道和塬上,果树种在沟道和沟岔,灌木和牧草种在坡地上。

也就是说,既要综合治理,吃饭和增收也得惦记着,在二者之间找到平衡。

1999年之前,黄土高原的植被覆盖度大约是31.6%。而2019年达到了差不多63.6%。

现在,黄土高原慢慢变绿了,黄河水也慢慢变清了。

渭河是黄河水量最大、含沙量最多的支流，它和支流泾（jīng）河、洛河冲积出渭河平原。

渭河平原位于陕西省中部，因在古代函谷关（也有说法是潼关）、大散关、武关、萧关之间，所以也叫关中平原。又因被高原和山脉环抱，所以也是盆地。

西安，古称长安，是丝绸之路的起点，位于关中盆地中东部。它被渭、泾、沣（fēng）、涝、潏（yù）、滈（hào）、浐（chǎn）、灞（bà）这八条河流环抱着，称为"八水绕长安"。

（示意图）

## "泾渭分明"是怎么回事?

"泾渭"分别指泾河和渭河。它们在西安市高陵区交汇,由于含沙量不同,颜色差异明显,一清一浊,互不相融,形成一大奇观。所以,人们用"泾渭分明"这个成语来比喻界限清楚、是非明确。

泾渭究竟谁清谁浊?这还真不好下结论,很大程度上是由流域的植被覆盖率决定的。春秋时期,泾清渭浊;到了唐宋,泾浊渭清;近代以后,在一般情况下,泾清渭浊,但是到了汛期,泾、渭的含沙量都大,就"同流合污"了。

不少河流交汇的地方都能看到类似的现象,比如,洮河与黄河的交汇处(甘肃刘家峡)、汉江与长江的交汇处(武汉)、嫩江与松花江的交汇处(吉林松原)。

## 中国第一帝都

紧邻西安的咸阳堪称中国第一帝都,因为它是中国第一个统一的封建王朝——秦朝的都城。

古时候,山南水北为阳,山北水南为阴。"咸"有"全、都"的意思,它在渭水以北、宗山以南,从两方面看都属于阳,所以叫这个名字。

## 西安是哪十三朝古都？

西安古时候叫长安、镐（hào）京，曾是西周、秦、西汉、新莽、东汉、西晋、前赵、前秦、后秦、西魏、北周、隋、唐等朝代的都城。

## 汉长安和隋唐长安不是一座城！

隋朝建立之初，都城还是汉朝的长安城。然而，汉长安城经历了一次次战火，已经相当破败，而且人口密集，地下水遭到严重污染，又咸又脏，几乎没法喝。此外，汉长安城就在渭河南岸，一涨水，就可能被淹没，相当危险。

所以，隋文帝杨坚下定决心，在都城东南边地势更高的龙首原上建了一座壮丽的新都城，取名大兴城。唐朝继续在这里定都，不过将它改名为长安城。

可见，虽然都叫长安城，却不是一个地方。

黄河流过陕西潼（tóng）关便进入河南，横贯三门峡、洛阳、济源、焦作、郑州、新乡、开封、濮（pú）阳，河道全长711千米。

桃花峪是黄河中游和下游的分界处，也是中国地势三大阶梯中第二、第三级的交接点，从这里开始，黄河便由山地进入平原了。

（示意图）

## 洛阳是哪些朝代的都城？

洛阳位于中原的中心区域，历史上也曾是很多朝代的都城。

首先是夏朝，虽然夏朝的存在与否还有争议，但学者主张，它的所在地就是洛阳偃（yǎn）师的二里头。

其次是商朝，开国之君汤建都西亳（bó），距离二里头约6千米。不过商朝经常迁都，最后迁到殷（yīn，现在的河南安阳）。

此外，东周、东汉、曹魏、西晋、北魏、武周、后梁、后唐、后晋的都城也都是洛阳。

在西周、隋朝、唐朝，洛阳是陪都。

注意到了吗？洛阳和长安"共享"好几个朝代。朝代名字前带"西"的大多定都长安，带"东"的大多定都洛阳。

其实，朝代名字前的"东南西北"和"前后"，都是后世加的，为了方便区分。

洛阳水路、陆路四通八达，经济繁荣，全天下的贡赋都能比较方便地汇聚到那里，然而比起易守难攻的长安，军事优势却没那么明显。

北宋时期，司马光留下了两句诗："若问古今兴废事，请君只看洛阳城。"

李清照的父亲李格非在《书〈洛阳名园记〉后》里也写道，洛阳"盖四方必争之地也。天下当无事则已，有事，则洛阳先受兵。"所以，"洛阳之盛衰，天下治乱之候也。"

## 北魏孝文帝为什么要迁都洛阳？

北魏是由游牧民族鲜卑建立的，最开始定都平城（现在的山西大同）。然而，平城太偏北了，不适合掌控中原，而且气候寒冷干旱，粮食产量也不高，难以养活越来越密集的人口。

孝文帝拓跋宏（后来改汉姓元）即位后，为了更好地吸收汉文化、推行改革，决定迁都洛阳。

太和十七年（公元493年），孝文帝率领百官、大军，浩浩荡荡南下，说要伐齐。到达洛阳时正是深秋，阴雨连绵，群臣实在走不下去了，纷纷跪在孝文帝的马前，痛哭流涕，请求他别再南伐了。

孝文帝故意装出生气的样子，说不能兴师动众却一事无成，要想停止进军，除非迁都洛阳。两害相逢取其轻，群臣迫于无奈只好同意，他们其实是被孝文帝"套路"了。

## 永宁寺

北魏时的洛阳城有多繁华壮丽，看一下永宁寺就能感受到了。

永宁寺里有一座九层木塔，据考证高度超过140米，距离京城百里都能望见，称得上当时洛阳的"地标"。塔上装饰着5000多枚大小不一的金铃，安静的夜晚，风儿徐徐吹动，十几里外都能听清铃声。

可惜只过了短短十五年，它忽然失火，大火整整烧了三个月才熄灭。全城百姓都赶来现场，哭声震天动地。

1979年起，中国科学院考古研究所发掘了永宁寺遗址，出土了许多佛像，虽然残缺不全，却依然美得惊心动魄。人们还发现了15万多颗水晶、玛瑙、琉璃珠，颜色有红、蓝、黄、绿、黑等，这些可能是从佛像上散落下来的，极尽艳丽，却又尽显苍凉。

"千年后，累世情深，还有谁在等；而青史岂能不真？魏书洛阳城……"

黄河流经的所有省区当中，河南段的地理景观最丰富也最齐全。

自三门峡到孟津，是晋豫峡谷；自孟津到郑州属于过渡地带，南岸是黄土丘陵，北岸是平原；自桃花峪到兰考东坝头，河道变得又宽又浅，河水四处游荡，出现了典型的"地上悬河"。

兰考东坝头是九曲黄河最后一个大拐弯，地势险要，被称作黄河铜头铁尾中间的"豆腐腰"。

（示意图）

## 龙门石窟

龙门石窟

龙门石窟位于伊河两岸的龙门山与香山上，南北长达1千米，共有97000余尊佛像，最大的高度超过17米，最小的只有2厘米。它是世界上造像最多、规模最大的石刻艺术宝库，被联合国教科文组织评为"中国石刻艺术的最高峰"。

它始凿于北魏孝文帝迁都洛阳前后，后来在唐、宋、明等很多朝代都有修复和营建。所有洞窟中，北魏时期的约占30％，唐朝的约占60％，不光数量多，艺术成就也高。

云冈石窟

龙门石窟当中，站C位的是奉先寺卢舍那大佛。大佛依山而坐，居高临下，面带神秘的微笑，被外国游客誉为"东方蒙娜丽莎"。"卢舍那"的意思是智慧广大、光明遍照。大佛是唐高宗在位时凿刻的，据说参照了皇后武则天的容貌。

莫高窟

修建中的卢舍那大佛

麦积山石窟

## 中国有哪些著名石窟？

中国很多地方都有石窟，其中最著名的有四处，分别是河南洛阳的龙门石窟，山西大同的云冈石窟、甘肃敦煌的莫高窟、甘肃天水的麦积山石窟。

## 香山寺

距龙门石窟不远，有座香山寺，始建于北魏，武则天称帝以后重修了这座庙宇，常常在那里处理国事。一次春游香山寺时，她主持了"龙门诗会"，下令群臣作诗，给胜出者的奖品是锦袍。大家都想赢取这份珍贵的荣誉，便各展才华，互不相让。最先写完的是左史东方虬（qiú），武则天对他的诗相当欣赏，就将锦袍赐予了他。没想到他还没坐稳，宋之问就"交卷"了，成绩更好，于是锦袍当场换了主人。唐朝果然是诗的国度，"香山赋诗夺锦袍"也成了流传千古的佳话。

后来，大诗人白居易将替好友元稹（zhěn）撰写墓志铭所得的润笔费捐出来，再次重修香山寺，并经常住在这里，忘情于清幽山水之间，还给自己起了个别号"香山居士"。七十多岁时，他和如满禅师等人结成"香山九老会"，过着"空门寂静老夫闲，伴鸟随云往复还。家酝满瓶书满架，半移生计入香山"的日子，去世后也安葬在这里。

在郑州冲出邙（máng）山以后，黄河就进入了华北平原。由于落差忽然变小，流速变慢，它携带的大量泥沙沉积下来，河床一度以每年1厘米的速度增高。

在开封北边10千米处的柳园口，能清清楚楚看到"悬河"的景象：黄河水面比开封市区高8～13米，相当于三四层楼。大堤也跟着逐年增高，达到了15米。这种状况相当危险，万一大堤决口，洪水就会毫无阻碍地顺着河床倾泻而下，把两岸变成一片汪洋。

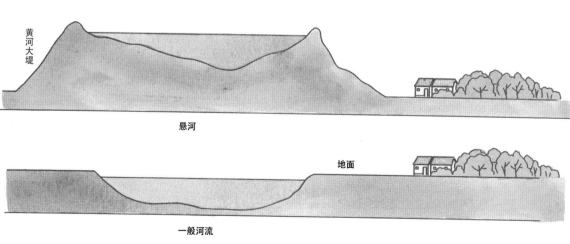

黄河大堤

悬河

地面

一般河流

（示意图）

## 开封为什么能取代长安和洛阳成为首都？

北宋时，开封叫汴梁，号称东京。

当时，东南物产丰富，市场繁荣，逐渐成了经济中心，生活在京城的群臣、禁军和大批百姓都要靠东南生产的物资供养，而开封正好处在连接黄河和隋唐大运河的枢纽位置，漕运非常方便。要是选择洛阳或更偏西的长安，这么多人的吃饭穿衣就成了大问题。

不过，甘蔗没有两头甜。开封是"四战之地"，就是四周平坦、无险可守、容易受攻击的地方，北宋后来被金国所灭，可能也和这个有关。

## 开封不是一座城

考古工作者经过勘探和挖掘，惊讶地发现开封居然不是一座城，而是"套娃"一样的六座城！一座摞着一座。

更不可思议的是，开封的城市核心区和中轴线千年未变，自唐朝起就差不多确定了。现在车水马龙的中山路，地下8米处就是北宋熙熙攘攘的御街。

战国
魏都大梁城

唐朝
汴州城

五代和北宋
东京城

金朝
汴京城

明朝
开封城

清朝
开封城

## 再现东京的繁华

东京汴梁城早已湮灭，可是我们却能真真切切知晓它昔日的盛景。这多亏了一幅画和一本书——《清明上河图》和《东京梦华录》。

《清明上河图》的作者是北宋画家张择端。

看，东门外的虹桥上多么热闹！商贩忙着叫卖推销，行人密密麻麻，两岸店铺几乎都打出了醒目的招牌。

那么大的船能顺利穿过桥洞吗，会不会撞上去？船夫们一个个手忙脚乱，周围的人也都捏着一把汗，纷纷望过来，呐喊加油。

《清明上河图》局部

《东京梦华录》是孟元老在北宋覆灭以后写下的。国破家亡，辗转流离，曾经无比熟悉的繁华全成了再难重温的旧梦，因为遥远，所以绮丽：

"举目则青楼画阁，绣户珠帘。雕车竞驻于天街，宝马争驰于御路。金翠耀目，罗绮飘香。新声巧笑于柳陌花衢（qú，大路），按管调弦于茶坊酒肆。八荒争辏（còu），万国咸通。集四海之珍奇，皆归市易；会寰（huán）区之异味，悉在庖（páo）厨。花光满路，何限春游；箫鼓喧空，几家夜宴？伎（jì）巧则惊人耳目，侈奢（chǐ shē）则长人精神……"

大意：放眼望去，到处是青楼画阁，绣户珠帘。华丽的马车争相停靠在京城的大街旁，用珠宝装饰的骏马纵情奔驰在宽敞笔直的大道上。镶金叠翠耀眼，罗袖绮裳飘香。新歌的旋律与美人的笑语，回荡在柳荫道上与花街巷口；箫管与琴弦的美妙音乐，飘扬在茶坊与酒楼间。全国各地的人都往京都汇集，世界各国的使者都和宋朝往来。调集了四海的珍品奇货，都到京城的集市上交易；荟萃了九州的美味佳肴，都在京城的厨房中烹饪。奇花异草铺满道路，不是只有春游时才能见到；音乐喧闹，有多少豪门正开夜宴？奇特精湛的技艺表演使人耳目一新，奢侈享受的生活使人精神放松……

金中都是北京城的前身，它的布局参照了汴梁。点缀在皇家园林里的太湖石，有些就是从宋徽宗兴建的"艮（gèn）岳"抢来的。它们一直幸存到今天，成了北海公园的假山。

由于泥沙淤积，黄河下游经常决口、改道。

根据黄河水利委员会统计，三千年来，黄河下游至少决口1500多次，比较大的改道有二三十次，其中最严重的有五六次，把新旧河道画在同一幅图上，看起来就像折扇的扇骨。洪水的影响范围北到海河，南到淮河，超过25万平方千米。中国第二大平原华北平原又叫黄淮海平原，就是这三条河携带的泥沙慢慢沉积形成的。

（示意图）

考古学家发现了一个奇怪的现象！自新石器时代到春秋，河北平原中间有好大一片"空白"，没有文化遗址，也没有被记载下来的城邑。这是为什么呢？

因为那里地势太平坦了，要是没有堤防约束，黄河几乎每年汛期都会泛滥，甚至改道，人们自然不能长期定居。

## 瓠子堵口

汉武帝元光三年（公元前132年），黄河在瓠子（hù zi，现在的河南濮阳西南）决口，同泗水、淮水合流，有十六个郡受灾，这些地方大多是重要的农业产区，后来的二十多年里收成一直很差。

这样下去可不行！元封二年（公元前109年），汉武帝调动数万士卒，亲临现场指挥堵口，命令随从官员自将军以下都搬运柴草，参加施工，其中就有司马迁，所以他在《史记·河渠书》里活灵活现地记录了当时的场面。

干活的时候，大家你唱我和，声音震天动地。在决口处，先把大竹子插进河底，由疏到密，水势减缓以后，再把草、石块和泥土塞进去，一层层压实。

成功了！黄河恢复了故道，这片地区重获安宁。

后来，汉朝再也没有这么高规格的抢险救灾工程了。

## 黄河夺淮是什么意思？

黄河夺淮指黄河泛滥，侵占了淮河的河道。金章宗明昌五年（公元1194年）之前，黄河就算向南决口，影响淮河流域，但主干也一直保持北流，在河北、山东一带入海。可是从那以后的六百多年间，黄河竟然直接由淮河入海，把原本成形的淮河水系弄得乱七八糟，所以旱涝灾害频繁出现。

## 为什么黄河水患总是治理不好？

黄河水患不仅是"天灾"，也是"人祸"，为什么这样说呢？

明朝人谢肇淛（zhào zhè）说，治水者害怕"伤田庐、坏城郭、妨运道、惊灵寝"，所以畏首畏尾、束手束脚。有些人或政治集团出于自身利益，也会捣乱，瓠子决口之所以成灾二十多年，就是由于丞相田蚡（fén）的封地在黄河北岸，向南决口对他有好处，所以他才劝说汉武帝不要强行堵塞，免得违背天意。

更可怕的是，唐末五代、两宋之交、蒙古灭金、明末、民国等战乱时期，常常有人故意扒开河堤，以水代兵，希望能够淹死或阻拦对方。然而黄河一旦决口，就超出人们的预想，再也无法控制了，后果非常惨烈。

经过数千千米的蜿蜒曲折，时而奔腾咆哮，时而静水流深，黄河终于来到它流经的最后一个省份——山东了。

自菏泽市东明县起，它经过济宁、聊城、泰安、济南、德州、淄博、滨州，在东营市垦利区注入渤海，长628千米。

黄河下游支流相当稀少，原因是形成了"地上悬河"，两岸的地表水很难从低处流到高处，许多大堤事实上相当于分水岭。

（示意图）

## 济南为何有这么多泉水?

　　济南被称作"泉城",据说有七十二名泉。它的地势南高北低,南部山区的地下水都往北流,被坚硬细密的岩石挡住了,不能再往前,就冒了出来,在地面上"四处开花"。

　　济南古称齐州。"唐宋八大家"里,曾巩当过齐州知州,全面修整景观,兴建了北水门、百花堤等工程,政绩相当漂亮。济南"城即园林"的独特格局,就是在那时候定下的。

　　他非常喜欢泉水,留下了许多题咏,号称"天下第一泉"的趵(bào)突泉之所以叫这个名字,也是由于他的《齐州二堂记》。

苏轼的弟弟苏辙曾经在齐州担任掌书记，最喜欢当时被称作西湖的大明湖，一次又一次写诗称赞它：

"野步西湖绿缛（rù，繁密），晴登北渚（zhǔ）烟绵。蒲莲自可供腹，鱼蟹何尝要钱。""饮酒方桥夜月，钓鱼画舫秋风。冉冉荷香不断，悠悠水面无穷。"

李清照也和济南有不解之缘，她的《漱玉词》，可能就是用了家乡故居旁漱玉泉的名字。

"常记溪亭日暮，沉醉不知归路。兴尽晚回舟，误入藕花深处。争渡，争渡，惊起一滩鸥鹭。"这首《浣溪沙》，我们耳熟能详。里面的"溪亭"，指的正是珍珠泉不远处的溪亭泉。

## 《鹊华秋色图》

在艺术史上，元朝书画大家赵孟頫（fǔ）的《鹊华秋色图》的地位可不能小看，不管是构图、用笔、设色还是意境，都超越了古人。

它是一幅"文人画"，不追求像也不追求纤巧华丽，古朴甚至幼稚都不要紧，能让情绪和神韵落到纸上才最了不起。

它描绘的是鹊山和华不（fū）注山的秋景，就在济南东北边，一座浑圆"呆萌"，一座峭拔入云。赵孟頫在齐州做过官，他的好朋友周密祖籍山东，却生长在浙江，从未到过山东，对家乡的风光又好奇又向往。赵孟頫凭记忆向他讲述齐州的美丽风光，同时作了一幅《鹊华秋色图》相赠，希望能弥补周密的遗憾。

虽说当时没有照相机，然而比起单纯的"形似"，这样的"神似"是不是更珍贵呢？

## 泺口黄河铁路大桥

泺（luò）口黄河铁路大桥是济南近代发展的一座里程碑。它位于津浦铁路上，图纸是遵照"中国铁路之父"詹天佑的修改意见确定的，始建于1908年，1912年完工，结束了以黄河为界、分南北两段通车的局面。

现在黄河上还能承担铁路运输任务的百年老桥，只剩下这一座。2018年，泺口黄河铁路大桥入选第一批中国工业遗产保护名录。

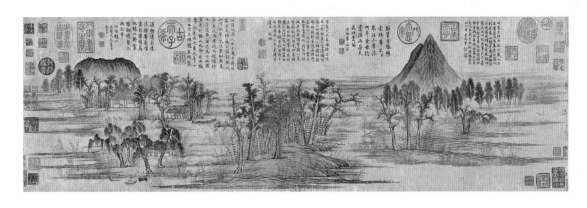

黄河山东段的特点是河道上宽下窄、流速上快下慢，排洪能力也上大下小，设防水位高出两岸地面8～12米，是典型的"二级悬河"——悬河之上又出现了悬河，不光河床高度超过两岸，主河槽高度也超过河床滩地，形势更加复杂凶险，一旦决口，后果不堪设想。

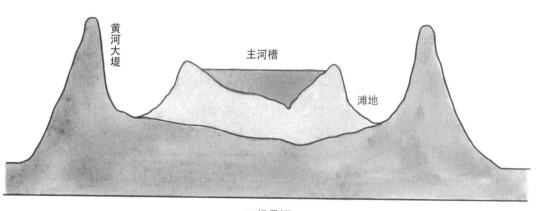

二级悬河

（示意图）

# 历代是怎样对付黄河水患的？

## 王景

西汉末年，黄河和汴渠都决堤了，几十年没有修好。直到东汉明帝永平十二年（公元69年）夏天，王景才奉诏和王吴一起主持了对这两条河的综合治理。

王景勘测地形，凿开山丘，挖除碍事的石滩，裁弯取直，每十里立一水闸。这以后800多年里，黄河基本安流，没有发生大的改道。所以大家称赞道："王景治河，千载无患"。

然而，这可不单单是王景的功劳。那段时间正好是三国两晋南北朝乱世，人口锐减，耕地荒芜，黄河流域自然"还林还草"，生态破坏也就没那么严重了。

## 贾鲁

元朝中后期，黄河反复泛滥，百姓无家可归，只能扶老携幼逃荒。

至正九年（公元1349年）冬天，往返数千里巡查河道以后，贾鲁拿出了自己的策略："疏塞并举，挽河东行，使复故道，其功数倍"。他带领17万军民，仅半年多就疏浚河道280多里，堵塞大小决口107处，修筑堤防770里，成功地让黄河稳定下来，跟淮河汇于一处，东流入海。

然而，整个治河工程花费巨大，民怨沸腾，"石人一只眼，挑动黄河天下反"的童谣到处传唱，红巾军起义乘势爆发，灭了元朝。

## 潘季驯

明朝中后期，黄河河道频繁南北摆动，形势非常棘手。

潘季驯四次主持治河，针对河床越来越高的难题，制定了"束水攻沙"的方案：通过筑坝让河槽变窄，水流的冲刷力就更强了，而且"蓄清刷黄"，不让含沙量大的河流汇入下游，尽量用清水把泥沙带下去。

要实现这个目标，就得建起结实的堤防，堵住两岸的所有分水口。他把"防河"和"防寇"相提并论，确立了"四防二守"（昼防、夜防、风防、雨防；官守、民守）的制度，经过一番努力河道终于基本稳定下来，金朝以来黄河下游多股并存的局面结束了。

此后三百多年里，水利专家一直遵奉他提出的方案，直到2001年底小浪底枢纽竣工，才改成"调水调沙"。

## 靳（jìn）辅

清朝前期，康熙皇帝亲政以后，最关心的大事就是三藩、河务、漕运，把它们写在宫殿里的柱子上，时时刻刻提醒自己。

河道总督靳辅非常信任幕僚陈潢（huáng），两个人在治水上达成共识：想彻底解决问题，就得把黄河、大运河、淮河当成一个整体来治理。他们先开挖新河道，让黄河和淮河能够顺利入海，然后继续"束水攻沙"，还增建了不少用来分洪的减水坝和减水闸，用了差不多十年，就让黄河和淮河不再"三年两决口"，漕运也畅通无阻。

然而，这些治河工程的重点几乎都在下游，他们并没能意识到中游的水土流失才是大问题，治标不治本，取得的成果自然维持不了太长时间。基本消灭黄河水患，要等到新中国成立以后了。

黄河三角洲，是指黄河携带的泥沙在入海口凹陷处沉积形成的冲积平原。

我们现在所说的"黄河三角洲"，通常指近现代形成的这片区域。它是世界六大河口三角洲之一，主要位于东营市和滨州市境内，面积超过5000平方千米，海拔不到15米，是1885年以来形成的三角洲，称得上中国最年轻的陆地。而且，它依然在不断推进，海岸线每年向前0.5~2.2千米。

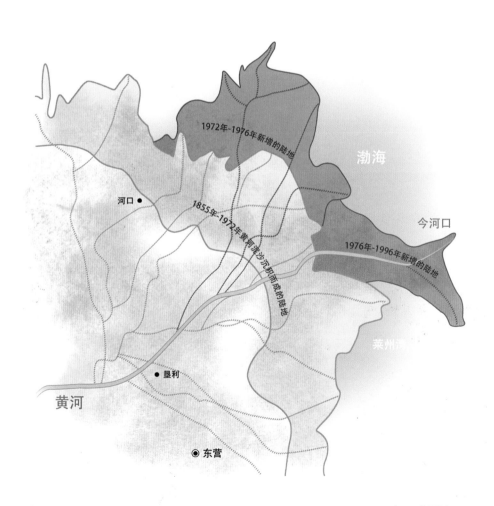

（示意图）

## 三十年河东，三十年河西

"三十年河东，三十年河西"，这句话并不是夸张。

黄河在山东半岛南北来回打滚，虽然现在注入渤海，但在夺淮的几百年里是注入黄海的。

三角洲也不止一个，古代形成的千乘三角洲顶点是更靠南的利津城，面积约6000平方千米。那时候，如今属于东营市的不少地方还沉睡在水下，真是沧海桑田！

广义的黄河三角洲北到天津、南抵废黄河口、西起河南巩义，是辽阔的冲积平原。

废黄河口位于江苏省盐城市滨海县，由于黄河北归，泥沙供给不见了，20世纪之前，两岸陆地以每年1千米的速度塌进海里。直到新中国成立以后修起了护岸海堤，这种侵蚀的速度才放缓。

## 黄河三角洲

黄河水和海水的密度不一样，所以不能很快相融。天气晴朗的时候，入海口附近会出现"黄蓝交界"的奇观，在夕阳下更是寥廓（liáo kuò）壮美；万顷雪白的芦花蓬蓬松松的，被晚霞染上殷红，看过一次就忘不了。

咸淡水交汇的地方能找到足够的食物，每年迁徙经过的600多万只鸟儿，不管是从东亚飞到澳大利亚，还是来个环绕西太平洋的长途旅行，都会在这片湿地上歇脚过冬，甚至生儿育女。

黄河三角洲被称作"鸟类国际机场"和"观鸟天堂"，能看到白鹭、苍鹭、银鸥、疣鼻天鹅、鸳鸯、鸿雁、灰雁、翘鼻麻鸭等，是丹顶鹤越冬的最北界，也是"中国东方白鹳之乡"。

## 人们是怎样开发利用黄河水资源的?

黄河上游有许多壮美的峡谷,如青海的龙羊峡和李家峡、甘肃的刘家峡、甘肃和宁夏交界处的黑山峡。

这段河道位于我国地势第一阶梯(平均海拔4000米以上)和第二阶梯(平均海拔1000~2000米)的分界处,水位落差大,水力资源丰富,所以建设了十几座梯级水电站,不光给西北带来了稳定可靠的电能,还发挥了灌溉、防洪、防凌、供水、旅游等作用。

青铜峡长约10千米,地处宁夏平原九大干渠之首。青铜峡水电站是重要的水利枢纽,号称"南有都江堰,北有青铜峡"。

青铜峡水电站

九大干渠,指的是秦渠、汉渠、唐徕(lái)渠、汉延渠、大清渠、惠农渠、东干渠、西干渠、泰民渠。它们是在自秦汉到新中国成立后的两千多年里陆续修成的,让这一带绿树成荫、鱼米飘香。

兰州水车起源于明朝嘉靖年间,又叫"老虎车",是由段续借鉴南方的筒车创制的。它利用水流冲力工作,是廉价且高效的灌溉工具,改变了黄河两岸"靠天吃饭"的局面,大家纷纷仿制,兰州因此变成了"水车之都"。

电力提灌机械普及后,水车慢慢减少。2006年,"兰州黄河大水车技艺"进入国家级非物质文化遗产代表性项目名录,承担起了带动旅游业的新任务。

兰州水车

三门峡水利枢纽的建设培养了新中国第一批水利人才,然而它确实存在不够完善的地方,泥沙淤积一度相当严重,没法完全承担预期任务。所以在下游又建设了小浪底,增加"蓄清排浑"的功能,双库联调,黄河枯水期断流、汛期泛滥的问题基本解决了,也给生态湿地修复创造了条件。

三门峡水利枢纽

小浪底水利枢纽是黄河上最大的水利工程,坐落在穿越中条山、王屋山的晋豫峡谷当中,景色险峻又秀丽,被誉为"小千岛湖"。

小浪底水利枢纽

永乐宫坐落在山西芮城附近，南临黄河，北依中条山，建于元朝，为了纪念吕洞宾。恢宏的殿宇四壁绘有瑰丽生动的图画，总面积超过1000平方米，在世界美术史上都是难得一见的杰作。

永乐宫正好位于三门峡水库计划淹没区内，1959年，迁移保护工程开始了。

怎么让壁画"搬家"是一大难点，当时在国内史无前例。经过700多年风雨，壁画一碰即碎，让大家非常头疼。

经过细致周密的研究，完整的迁移保护方案出炉了，分成临摹、揭取和修复三步。

备份完成以后，大家避开精细部分，把壁画分割成2~6平方米的不规则小块，然后预制形状相同的木板，用旧棉花和拷贝纸铺垫在凹凸不平的墙面上，将保护好的壁画一块块揭下来，四周和背面也钉上木板，然后小心翼翼地将三百多个这样的木箱运到25千米以外的"新居"，重新组装。

几十年过去，壁画依然完好，这称得上古代和现代的"双重奇迹"。

永乐宫搬迁

## "引黄济青"是怎么回事？

青岛虽然是沿海城市，却相当缺水，以前，大家要排半天队接水喝，工厂也常常没法运转。

1989年11月，"引黄济青"工程竣工了，它自滨州市博兴县引取黄河水，途经东营、潍坊来到青岛，全长约290千米，被誉为"黄金之渠"。从此，制约生产生活的"瓶颈"打破了，青岛人再也不用像祖辈一样只能喝咸水和高氟水了。

山东省有13个市近100个县区吃的是黄河水，每年用的水三分之一来自这条"母亲河"。

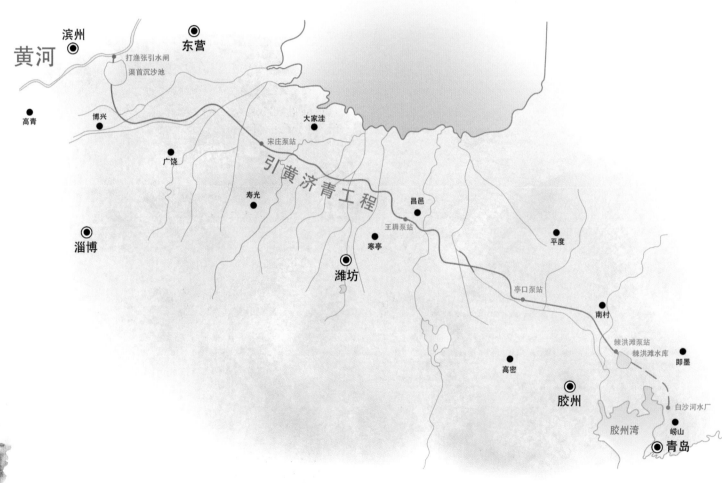

## 黄河文明的诞生

想到国家、想到民族，你眼前首先出现的会是什么呢？黄河！很大程度上，黄河文化是我们认同感的核心，汇聚百川，众志成城。

中国境内已经发现的旧石器时代遗址有2000处左右，将近一半分布在黄河流域。其中最早的是陕西的蓝田人遗址，距今可能超过110万年。此外还有山西襄汾的丁村人、陕西的大荔人、山西阳高的许家窑人、内蒙古乌审旗的河套人遗址等，距今约3万~10万年。

进入新石器时代，黄河流域萌发了农业文明，中国有文字记载的历史也是在这一带率先出现的。裴李岗文化、仰韶文化、大汶口文化、龙山文化这几种代表性文化类型相继形成，共同发展，相互融合。

关于中华文明起源，著名考古学家苏秉琦提出了"满天星斗说"：

数以千计的新石器时代遗址可以大致分成六个文化区：

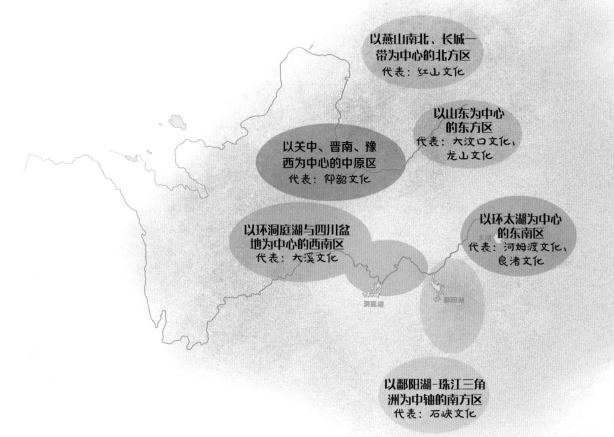

以燕山南北、长城一带为中心的北方区
代表：红山文化

以山东为中心的东方区
代表：大汶口文化、龙山文化

以关中、晋南、豫西为中心的中原区
代表：仰韶文化

以环洞庭湖与四川盆地为中心的西南区
代表：大溪文化

以环太湖为中心的东南区
代表：河姆渡文化、良渚文化

以鄱阳湖-珠江三角洲为中轴的南方区
代表：石峡文化

陕西蓝田人头部复原

西宁

玛多县

多石峡

大夏河

甘南藏

东方区和中原区，都同黄河直接相关。

著名考古学家严文明也提出，各种文化碰撞、融合，如同"重瓣花朵"。在黄河中下游分界处，史前文化水平较高，处于核心位置，引领着多元一体的发展趋势。

黄河流域的主要农作物是粟（sù，去壳后叫作小米）和黍（shǔ，去壳后叫作黄米）。

粟

黍

黄河流域史前主要农具

石斧（龙山）

双孔石斧（仰韶）

石铲

石斧（半坡）

石锄

巴彦淖尔

乌梁素海

乌拉特前旗

河口

呼和浩特

包头

乌海

鄂尔多斯

石嘴山

银川

吴忠

太原

中卫

白银

州

族自治州

家窑文化

天水

狗

猪

大汶口文化主要分布在山东和苏北地区，距今约4500～6500年，先民能够制作精美的黑陶和白陶，雕刻镶嵌技术也很高。通过墓葬可以发现，当时已经产生了严重的贫富分化，私有制逐渐形成。

陶制酒器（大汶口）

龙山文化是在山东章丘城子崖发现的，影响范围遍及河南、江苏、安徽、河北、辽宁、陕西、山西、甘肃、内蒙古等省份，距今约4000～4500年。它的特色是色泽乌黑、表面光滑的黑陶。在这一阶段，原始社会逐渐瓦解，阶级分化开始了。

聊城

济南

仰韶文化 后冈

大汶口文化

龙山文化

濮阳

菏泽

济宁

彩陶人头器口瓶（庙底沟）

山西襄汾陶寺遗址

人面鱼纹彩陶盆（半坡）

仰韶文化 庙底沟

运城

仰韶文化 半坡 姜寨

裴李岗文化 桃花峪

开封

郑州

中原龙山文化

咸阳

渭南

三门峡

洛阳

西安

黑陶高柄杯（龙山）

石磨盘、石磨棒（裴李岗）

仰韶文化影响范围非常广泛，距今约5000～7000年，著名的西安半坡遗址、临潼姜寨遗址、三门峡庙底沟遗址、安阳后冈遗址都是典型代表。它的特色是画着红黑花纹的彩陶，人们已经过上了定居生活，形成村落，饲养猪、狗等家畜，以农耕为主。前面提到的马家窑文化，也被称作甘肃仰韶文化。

裴李岗文化分布在河南中部，距今约7000～8000年。那里出土了新石器早期的石磨盘和石磨棒，证明已经有了原始的粮食加工。

分布在河南、山西的龙山文化叫中原龙山文化。山西襄汾陶寺遗址是中原龙山文化的典型代表，被纳入中华文明探源工程。有学者推测，它是"五帝"之一尧的都城。先秦时期的中央政权，都诞生在黄河流域。

## 黄河文明的繁荣

汉字文明的每一步创新，几乎都是在黄河流域发生的。

安阳殷墟出土了最早的成体系汉字——甲骨文；

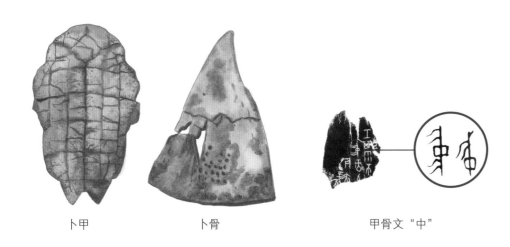

卜甲　　　　卜骨　　　　　　　　甲骨文"中"

以镐京和洛邑为根据地的周人，用刻在钟鼎上的金文记录自己的家史、功业和愿望；

何尊

何尊，西周时期一个名叫何的宗室贵族制作的酒具，国家一级文物。尊内底铸有12行、122字的铭文，其中有"中国"一词，这是目前"中国"一词最早的文字记载。

何尊铭文　　　　　　金文"中"

会稽刻石　　　　　　小篆"中"

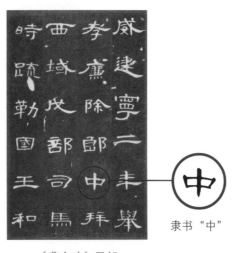

《曹全碑》局部　　　　隶书"中"

《力命表》局部　　　　楷书"中"

秦始皇统一六国以后，令重臣李斯创立小篆，颁行天下，实现了"书同文"；

相传秦朝小吏程邈（miǎo）将篆书的圆转改成方折，创造了更加方便的隶书，汉字由此全面走向抽象化、符号化；

三国书法大家钟繇（yáo）被誉为"小楷鼻祖"，让出现不久的楷书上升为艺术，和更晚的"书圣"王羲之并称"钟王"；

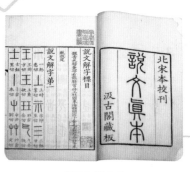

《说文解字》

东汉时期，许慎花了近三十年，编撰出世界上第一部字典《说文解字》；

……

孔子

春秋战国时期"百家争鸣"，塑造了中华民族的集体人格，奠定了此后两千多年的思想基调。

儒家的孔孟和荀子、道家的老庄、法家的商鞅和韩非，加上墨家、纵横家、杂家……这些学派的创始人足迹所到之处、主要传播地区，都集中在黄河流域。

孟子

荀子

到了秦汉，黄河流域风云际会，终于成为真正的全国性政治、经济、文化中心，主导地位一直保持到北宋。有道是"关东出相，关西出将"，以崤山（或太行山）为界的这片地区群星荟萃，书写着那段让人热血沸腾的历史。

经过三国两晋南北朝的动荡与融合，隋唐时期，黄河流域重现辉煌。"九天阊阖（chāng hé）开宫殿，万国衣冠拜冕旒（liú）"的长安，和"金谷暖横宫殿碧，铜驼晴合绮罗光"的洛阳，两座壮丽帝都的影响远抵中亚、朝鲜半岛和日本。

庄子

老子

韩非子

商鞅

黄河文明或许比我们想象的更加多元、包容、博大。它熔铸了秦文化、三晋文化、齐鲁文化、草原游牧文化等，向淮河、长江、珠江流域扩散，长期引领着中华文明的发展。贯通中外、影响世界格局的"丝绸之路"，起点也在黄河流域。

虽然尝遍苦难、一度收敛光芒，黄河的生命力却历久弥新。科技突破、生态恢复的大背景下，黄河文明面临着空前的机遇——不光是重建、传承，更是挣脱种种原有束缚的升华。

渤海

黄河口

黄海